sekolahan - məktəp	2
perjalanan - səyəxət	5
angkutan - transport	8
kutha - şəhər	10
lanskap - tirə-yün	14
restoran - restoran	17
supermarket - supermarket	20
ombenan - eçemlekler	22
panganan - azıq	23
kebon - çeftlek	27
omah - yort	31
ruang tamu - qunaq bülməse	33
pawon - aş bülməse	35
jedhing - yuınu bülməse	38
kamar anak - bala bülməse	42
klambi - kiyem	44
kantor - ofis	49
ekonomi - iqtisad	51
gawean - hönərlər	53
alat - ələtlər	56
alat musik - muzıka alətlərе	57
kebon kewan - xaywan baqçası	59
olahraga - sport törlərе	62
kegiatan - itkenlekler	63
keluarga - ğailə	67
awak - tən	68
griya sakit - xastaxanə	72
dharurat - kiçektergesez xəl	76
bumi - Cir	77
jam - səğət	79
minggu - atna	80
tahun - yıl	81
wangun - şəkellər	83
warna - töslər	84
kontras - qapma-qarşılıqlar	85
angka - sannar	88
basa-basa - tellər	90
sapa / apa / piye - kem / nərsə / niçek	91
neng endi - qayda	92

AF171836

Impressum
Verlag: BABADADA GmbH, Nedderfeld 112 , 22529 Hamburg
Geschäftsführer / Verlagsleitung: Harald Hof
Druck: Books on Demand GmbH, In de Tarpen 42, 22848 Norderstedt

Imprint
Publisher: BABADADA GmbH, Nedderfeld 112 , 22529 Hamburg, Germany
Managing Director / Publishing direction: Harald Hof
Print: Books on Demand GmbH, In de Tarpen 42, 22848 Norderstedt

sekolahan
məktəp

tas sekolah
buqça

tepak potlot
qələmdan

potlot
qırandaş

orotan potlot
qələm oçlağıç

setip
betergeç

lemek nggambar
rəsem dəftərə

gambar
rəsem

kuwas
pumala

tepak cat nggambar
buyawlar tartması

gunting
qayçı

lem
cilem

buku latihan soal
dəftər

pakaryan omah
öy eşe

angka
san

tambah
quşu

suda
alu

ping
tapqırlaw

itung
isəpləw

aksara
xəref

abjad
əlifba

tembung
süz

sekolahan - məktəp

teks	maca	kapur
tekst	uqırğa	aqbur

wulangan	dhaptar	ujian
dəres	sıynıf jurnalı	imtixan

sertipikat	sragam sekolah	pendhidhikan
sertifikat	məktəp forması	məğərif

ensiklopedia	universitas	mikroskop
ensiklopediyə	universitə	mikroskop

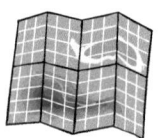 

peta	kranjang larahan
xarita	çüp qəğəz çiləge

sekolahan - məktəp

perjalanan
səyəxət

hotel
qunaqxanə

hostel
hostel

pertukaran duit mancanegara
bürosı

koper
baul

mobil
maşina

basa
tel

iya / ora
əye / yuq

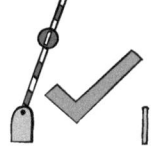

oke
yarar

halo
isənmesez

juru basa
tərceməçe

matur nuwun
Rəxmət

perjalanan - səyəxət

Piro regane ...?
... küpme tora?

aku ora ngerti
min anlamıyam

masalah
problem

Sugeng dalu!
Xəyerle kiç!

Sugeng enjang
Xəyerle irtə!

Sugeng dalu!
Tınıç yoqı!

pareng
saw bulığız

arah
yünələş

koper
bagaj

tas
buqça

ransel
biştər

tamu
qunaq

kamar
bülmə

kantong turu
yoqı qapçığı

tenda
çatır

perjalanan - səyəxət

informasi turis
turist məğlüməte

pantai
qomsal

kertu kredit
kredit kərte

sarapan
irtənge aş

mangan awan
töşlek

mangan ing wayah bengi
kiçke aş

tiket
bilet

lift
lift

perangko
marka

watesan
çik

cukai
tamğaxanə

kedutaan
ilçelek

visa
viza

paspor
pasport

perjalanan - səyəxət

angkutan
transport

montor mabur
oçqıç

kapal
kərap

mesin pemadam kobongan
yanğın maşinası

truk
töyər

bis
awtobus

prahu motor
motorlı köymə

sepeda
səpid

mobil
maşina

feri
boram

perahu
köymə

sepeda motor
motosiklət

mobil polisi
polisə maşinası

mobil balapan
uzış maşinası

mobil sewa
kiralıq maşina

sewa mobil
karşering

truk derek
tartuçı

truk resek
çüp töyəre

motor
motor

bensin
yağulıq

pom bensin
benzinlek

tanda dalan
trafik bilgese

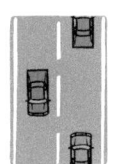

lalu lintas
xərəkət

macet
böke

parkir mobil
parking

stasiun sepur
stansa

ril sepur
rəy

sepur
trən

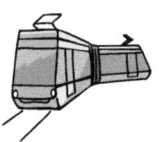

tram
tramway

grobak
vagon

angkutan - transport

helikopter
boralaq

lapangan montor mabur
hawa alanı

menara
manara

penumpang
yulçı

kontener
konteyner

kerdhus
alap

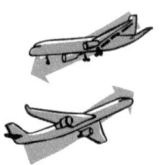

troli
yök arbası

kranjang
səbət

mabur / ndarat
qalqu / töşü

kutha
şəhər

desa
awıl

tengah kutha
şəhər üzəge

omah
yort

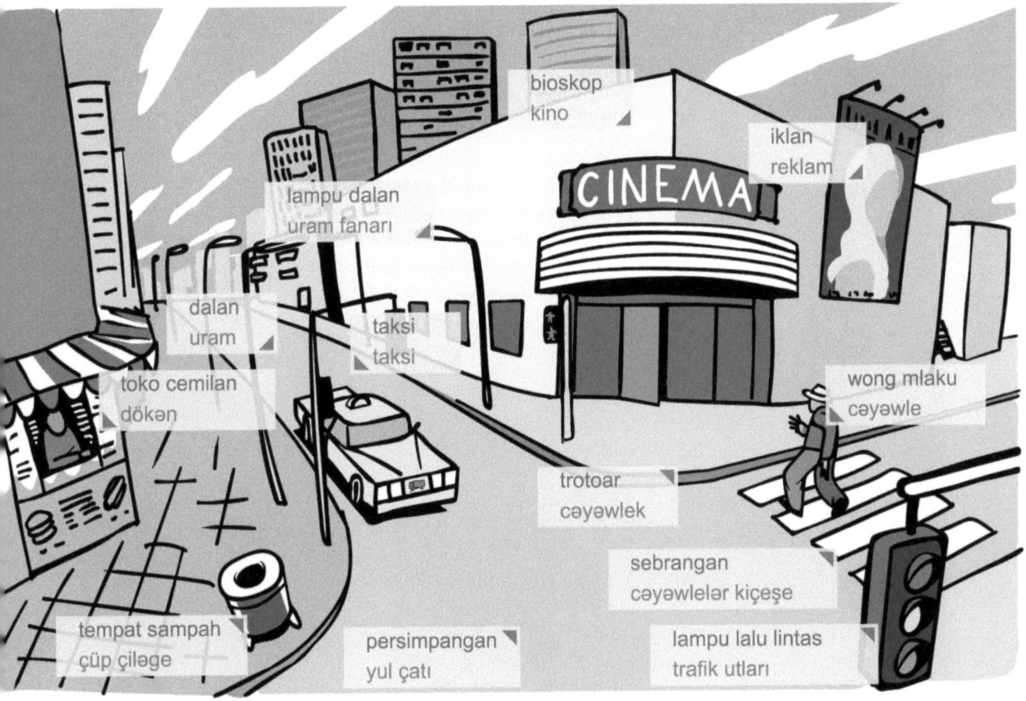

bioskop / kino

iklan / reklam

lampu dalan / uram fanarı

dalan / uram

taksi / taksi

toko cemilan / dökən

wong mlaku / cəyəwle

trotoar / cəyəwlek

sebrangan / cəyəwlelər kiçeşe

tempat sampah / çüp çiləgə

persimpangan / yul çatı

lampu lalu lintas / trafik utları

gubuk
alaçıq

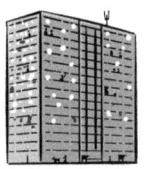

apartemen
fatir

stasiun sepur
stansa

bale kutha
şəhər xakimiyətə

museum
yədkərxanə

sekolahan
məktəp

kutha - şəhər

universitas
universitə

bank
bank

griya sakit
xastaxanə

hotel
qunaqxanə

apotek
daruxanə

kantor
ofis

toko buku
kitap kibete

toko
kibet

toko kembang
çəçək kibete

supermarket
supermarket

pasar
bazar

toko sarwa ana
zur kibet

toko iwak
balıq kibete

mal
səwdə üzəgə

pelabuhan
liman

kutha - şəhər

taman
park

bangku
eskəmiyə

tretek
küçer

andha
basqıç

metro
metro

trowongan
tunnel

halte bis
awtobus tuqtalışı

bar
bar

restoran
restoran

kotak surat
yamıl tartması

pratandha dalan
uram bilgese

meteran parkir
parking sanağıçı

kebon kewan
xaywan baqçası

kolam renang
xəwezxanə

masjid
məçet

kutha - şəhər

kebon	polusi	kuburan
çeftlek	kerlelek	zirat

greja	panggon dolanan	candi
çirkəw	uyın alanı	ğibädätxanä

lanskap
tirə-yün

- godong / yafraq
- plang yul kürsətkeçe
- dalan / yul
- beran / bolın
- watu / taş
- uwit / ağaç
- wong munggah / yöreşce
- kali / yılğa
- suket / ülən
- kembang / çəçək

14 lanskap - tirə-yün

lembah
üzən

bukit
qalqulıq

tlogo
kül

alas
urman

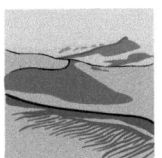
ara-ara
çül

gunung geni
yanartaw

keraton
nığıtma

kluwung
salawat küpere

jamur
gömbə

uwit palem
palma

lemut
çerki

laler
çeben

semut
qırmısqa

tawon
bal qortı

angga-angga
ürməküç

lanskap - tirə-yün

kumbang
qoñğız

kodok
baqa

bajing
tiyen

landhak
kerpe

truwelu
quyan

manuk dares
yabalaq

manut
qoş

banyak
aqqoş

celeng
qaban duñğızı

kidang
bolan

menjangan
poşıy

bendungan
tuan

turbin angin
cir turbını

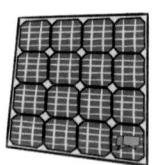
panel srengenge
qoyaş panele

iklim
iqlim

lanskap - tirə-yün

restoran
restoran

laden
tabınçı

menu
saylaq

kursi
urındıq

sop
aş

pizza
pitsa

alat mangan
çəneçke-pıçaq taqımı

taplak meja
aşyawlıq

hidangan pambuka

qabımlıq

menu utama

töp aşamlıq

hidangan penutup

tatlı

ombenan

eçemleklər

panganan

azıq

gendul

şeşə

restoran - restoran

panganan instan	jajan cemilan	ceret teh
fastfud	uram rizığı	çəygün
	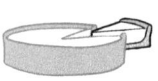	
kaleng gula	porsi	mesin espresso
şikər sawıtı	salım	espresso maşını

kursi duwur	tagihan	baki
biyek urındıq	xisap	töger
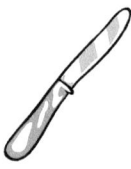		
lading	sendok garpu	sendok
pıçaq	çəneçke	qaşıq

sendok teh	serbet	gelas
çəy qaşığı	tastımal	tustağan

restoran - restoran

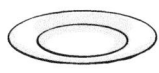
piring
tabaq

piring sop
aş tabağı

lepek
cəypək

duduh
sous

gendul uyah
toz sawıtı

bubuk mrico
borıç tegermәne

cuka
serkә

lenga
sıyıq may

bumbon
tәmlәtkeç

saos tomat
ketçup

mustar
xәrdәl

mayones
mayonez

supermarket
supermarket

tawaran khusus
maxsus təqdim

langganan
satıp aluçılar

produk saka susu
söt eşlənmələre

troli
kibet arbası

woh-wohan
cimeş

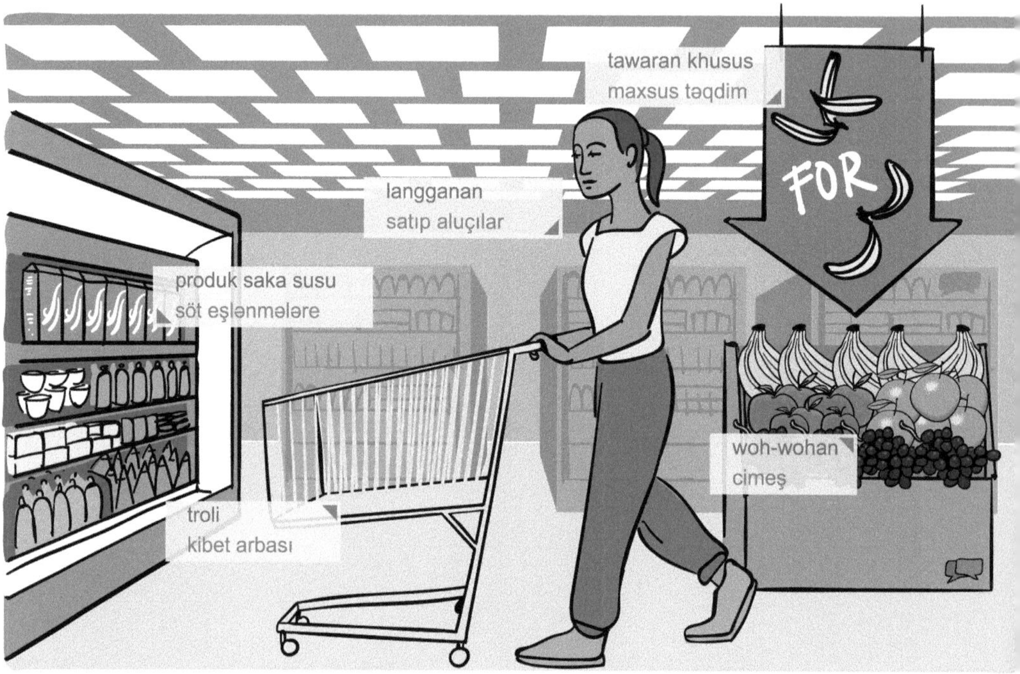

toko daging

it kibete

toko roti

ikməkxanə

nimbang

ülçəw

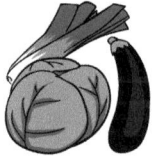

janganan

yəşelçə

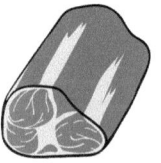

daging panggang

it

panganan beku

tuñdırılğan aşamlıqlar

supermarket - supermarket

irisan daging
suıq it

panganan kaleng
kənsirləngən aşamlıq

deterjen
ker tuzı

permen
şikərləmələr

produk reresik omah
öy eşlənmələre

produk reresik
təmizlek eşlənmələre

bakul
satuçı

mesin kasir
yazuçı kassa

kasir
kassir

daftar blanja
satıp alu isemlege

jam buka
eş waqıtı

dompet
qalta

kertu kredit
kredit kərte

tas
buqça

tas kresek
plastik qapçıq

supermarket - supermarket

ombenan
eçemleklər

banyu
su

jus
sut

susu
söt

ombenan kanthi karbon
kola

anggur
şərəb

bir
sıra

alkohol
xəmer

coklat
kakao

teh
çəy

kopi
qəhwə

espresso
espresso

cappuccino
kapuçino

panganan
azıq

gedhang
banan

apel
alma

jeruk
əflisun

semangka
qarbız

jeruk lemon
limon

wortel
kişer

bawang
sarımsaq

pring
bambu

bawang
suğan

jamur
gömbə

kacang
çikləweklər

bakmi
toqmaç

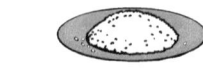

spageti
spagetti

sego
döge

salad
salat

kentang goreng
çips

kentang goreng
qızdırılğan bərəñge

pizza
pitsa

hamburger
hamburger

roti isi
sandwiç

daging irisan
kətlit

daging ham
ветчина

salami
salami

sosis
sosis

pitik
tawıq ite

daging panggang
qızdırma

iwak
balıq

bubur gandum
solı izməse

muesli
müsli

sereal jagung
məkkəy keterdege

glepung
on

croissant
kruassan

roti
ipi tügərəge

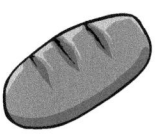
roti
ikmək

roti panggang
tost

biskuit
kətərməç

mertega
may

dadih
eremçek

kue
kəyk

endog
yomırqa

endog goreng
təbə

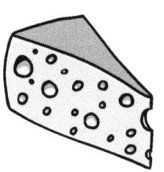
keju
pəynir

panganan - azıq

es krim
tuñdırma

gula
şikər

madu
bal

sele
qaynatma

krim nugat
şokolad izməse

kare
karri

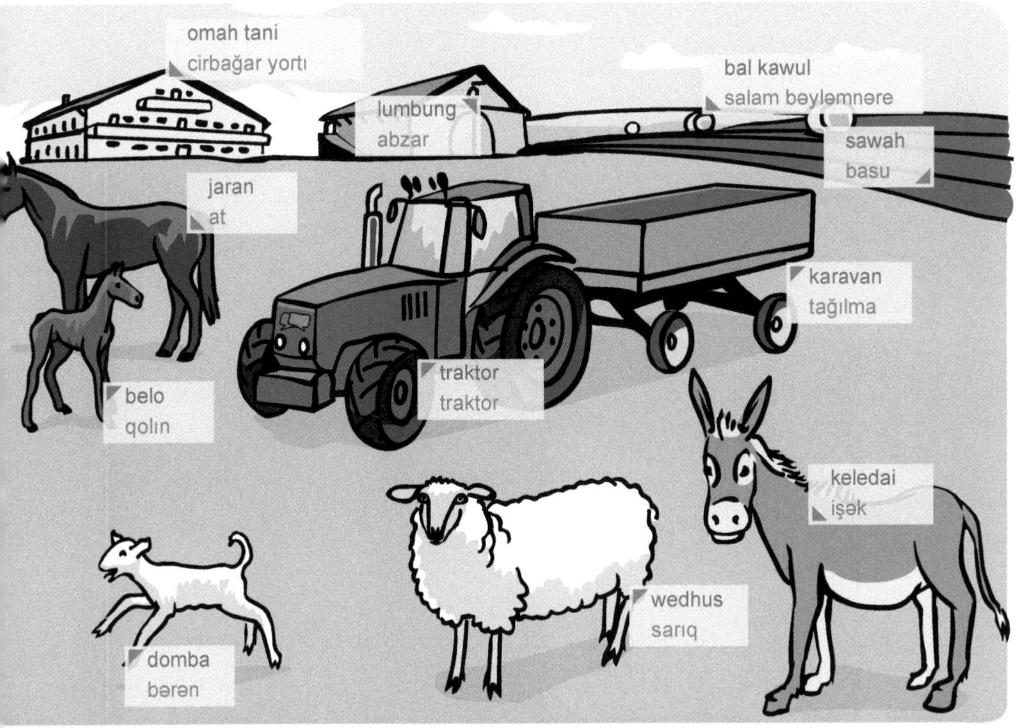

kebon
çeftlek

omah tani
cirbağar yortı

lumbung
abzar

bal kawul
salam beylemnere

sawah
basu

jaran
at

karavan
tağılma

belo
qolın

traktor
traktor

keledai
işek

domba
beren

wedhus
sarıq

wedhus
keçe

sapi
sıyır

pedhet
bozaw

babi
duñğız

gambluk
duñğız balası

kebo
ügez

banyak
qaz

bebek
ürdək

kuthuk
çebi

babon
tawıq

jago
ətəç

tikus
küse

kucing
pesi

tikus
tıçqan

sapi
eş ügeze

asu
et

kandang asu
et oyası

selang
baqça xortumı

gembor
susipkeç

arit gede
çalğı

waluku
saban

kebon - çeftlek

arit gede
uraq

pacul
kitmən

garu
sənək

kapak
balta

grobak surung
qul arbası

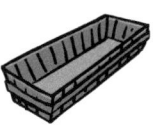

wadah pakan
tağaraq

kaleng susu
söt çiləge

karung
qapçıq

pager
qoyma

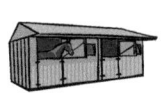

kandang
abzar

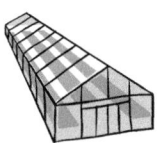

omah kaca
essexanə

lemah
tufraq

wiji
orlıq

rabuk
aşlama

traktor panen
kombayn

kebon - çeftlek

manen
uñış cıyarğa

panen
uñış

ubi
yam

gandum
boday

kedelai
soya

kentang
bərəñge

jagung
məkkəy

lobak
raps

wit woh-wohan
cimeş ağaçı

telo
manyok

sereal
börtekleler

kebon - çeftlek

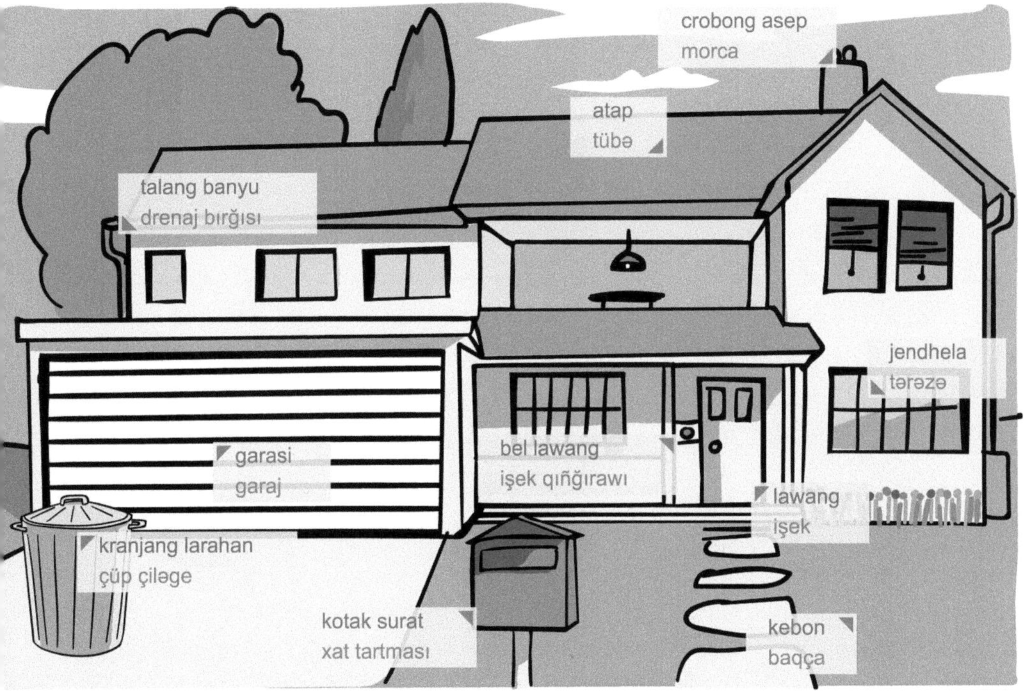

omah
yort

- crobong asep / morca
- atap / tübə
- talang banyu / drenaj bırğısı
- jendhela / tərəzə
- garasi / garaj
- bel lawang / işek qıñğırawı
- lawang / işek
- kranjang larahan / çüp çiləge
- kotak surat / xat tartması
- kebon / baqça

ruang tamu
qunaq bülməse

jedhing
yuınu bülməse

pawon
aş bülməse

kamar turu
yataq bülməse

kamar anak
bala bülməse

kamar panedhaan
aş bülməse

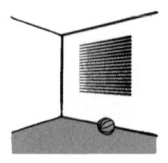

jobin
idän

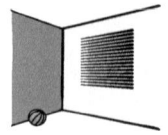

tembok
diwar

pyan
tüşəm

gudhang ing njero lemah
tülə

sauna
sawna

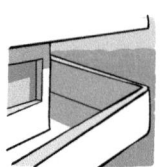

balkon
balkon

teras
teras

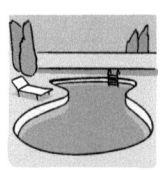

blumbang kanggo nglangi
xəwez

mesin kanggo motong suket
çirəmçapqıç

lembaran
cəymə

sprei
yataq yapması

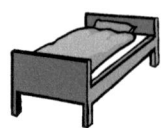

dipan
yataq

sapu
seberke

ember
çilək

tombol
özgeç

ruang tamu
qunaq bülməse

- kertas tembok / diwar kəğəze
- gambar / rəsem
- lampu / lampa
- rak / kiştə
- lemari / dulap
- perapian / çual
- TV / televiziyə
- kembang / çəçək
- bantal / mendər
- sofa / diwan
- vas / nəlbək
- remot kontrol / yıraqtan boyırma

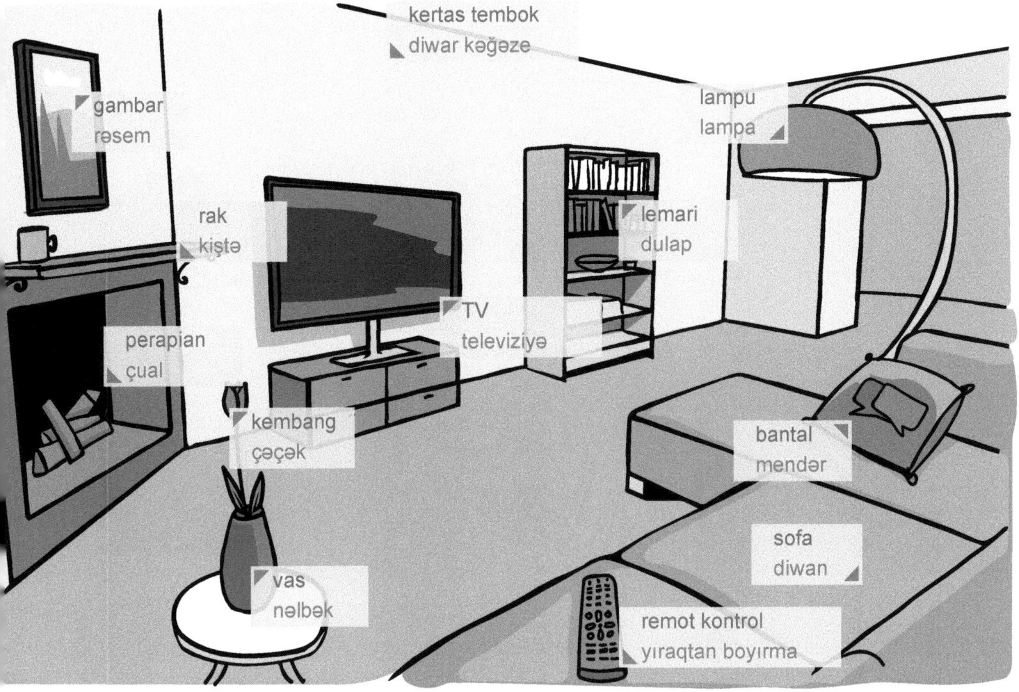

karpet
keləm

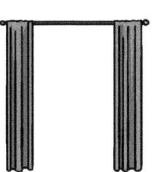

korden
pərdə

meja
östəl

kursi
urındıq

kursi goyang
tirbəlmə urındıq

kursi tangan
kənəfi

ruang tamu - qunaq bülməse

buku
kitap

selimut
yapma

dekorasi
dekor

kayu bakar
utın

film
film

hi-fi
hi-fi

kunci
açqıç

koran
gəcit

lukisan
sürət

poster
poster

radio
radio

buku catetan
quyın dəftərə

penyedot lebut
tuzansuırğıç

kaktus
kaktus

lilin
şəm

ruang tamu - qunaq bülməse

pawon
aş bülməse

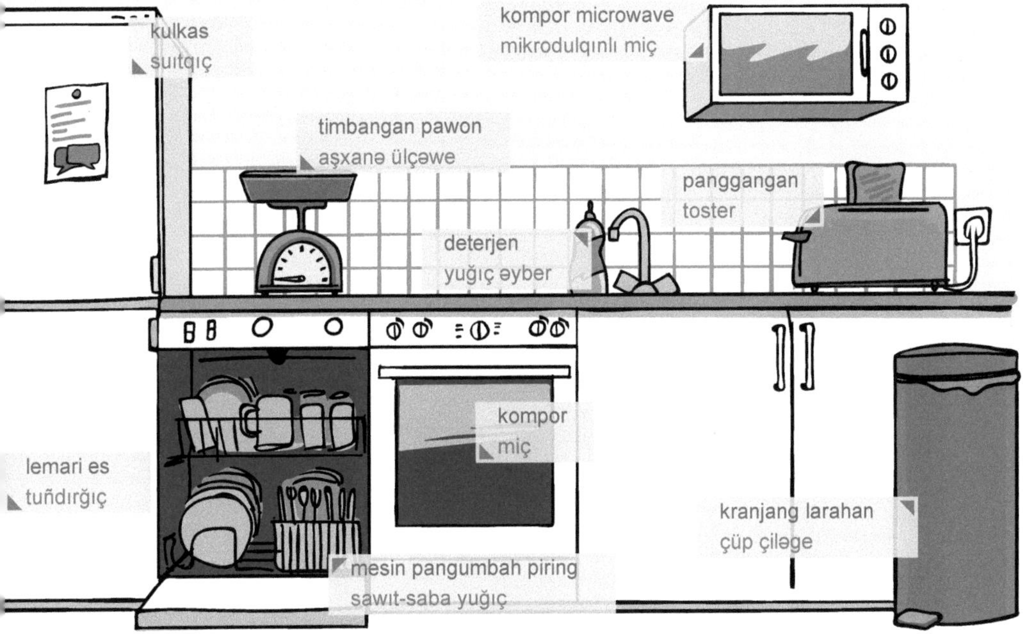

kulkas
suıtqıç

kompor microwave
mikrodulqınlı miç

timbangan pawon
aşxanə ülçəwe

deterjen
yuğıç əyber

panggangan
toster

kompor
miç

lemari es
tuñdırğıç

kranjang larahan
çüp çiləge

mesin pangumbah piring
sawıt-saba yuğıç

kompor
əwsək

panci
sağan

panci wesi
çuyın sağan

wajan
wok

wajan
taba

ceret
çəygün

pawon - aş bülməse

kukusan
bulı peşergeç

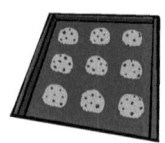

loyang
qalay

pecah belah
sawıt-saba

mug
təgəç

mangkok
kəsə

sumpit
aşaw tayaqçıqları

irus
ucaw

solet
spatula

udeg
tuğlağıç

ayakan
sözgeç

saringan
ilək

parutan
qırğıç

lumpang
kile

panggangan
barbekü

geni
açıq uçaq

pawon - aş bülməse

telenan
taqta

gilingan adonan
uqlaw

kotrek
böke suırğıç

kaleng
metal tartma

bukaan kaleng
kənsir açqıç

cempal
miç biyələye

wastafel
kirşən

sikat
fırça

sepon
bolıt

blender
blender

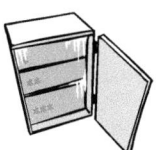

kulkas
tirən tuñdırğıç

gendul bayi
imezlekle şeşə

kran
çömək

pawon - aş bülməse

jedhing
yuınu bülməse

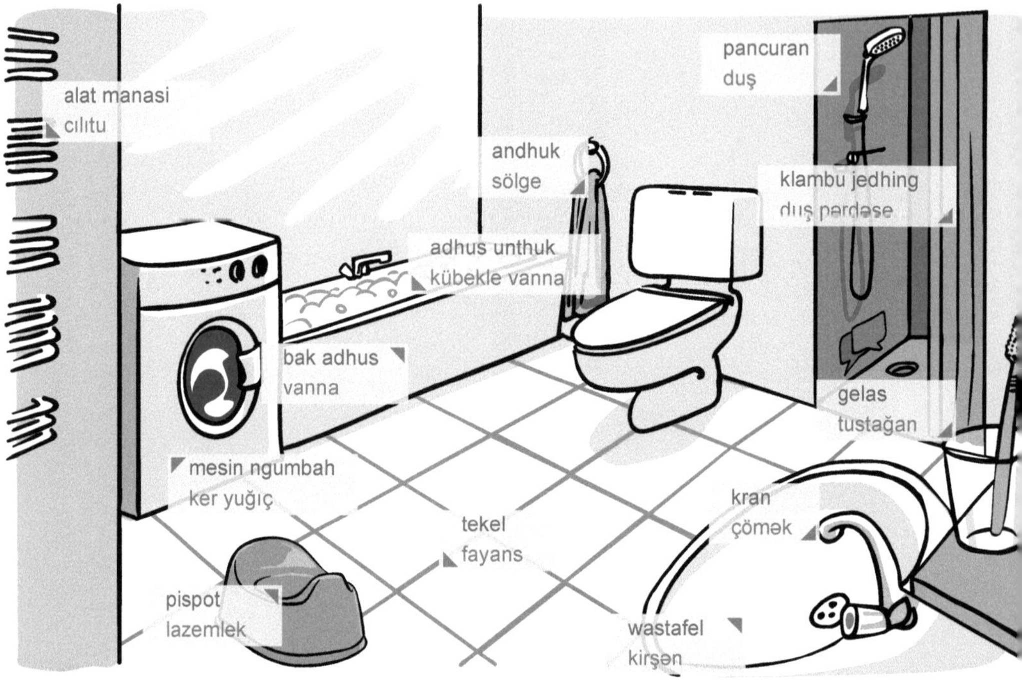

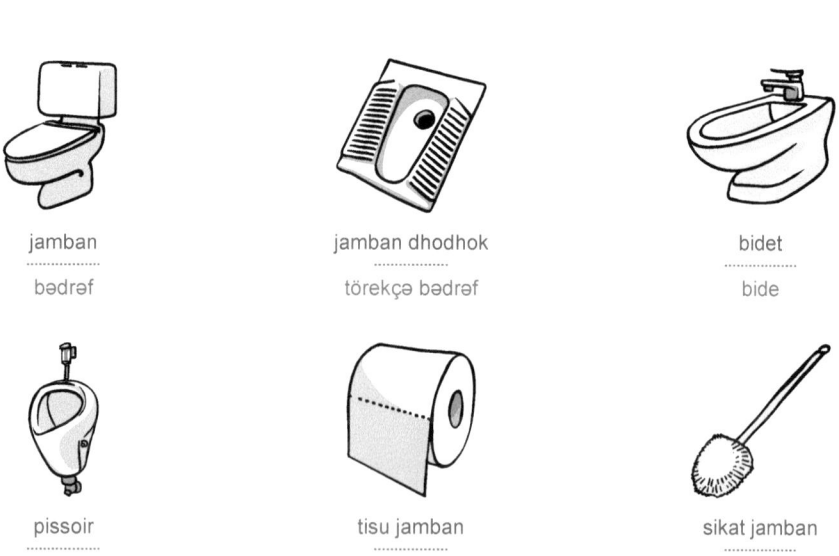

alat manasi
cılıtu

pancuran
duş

andhuk
sölge

klambu jedhing
duş pərdəse

adhus unthuk
kübekle vanna

bak adhus
vanna

gelas
tustağan

mesin ngumbah
ker yuğıç

kran
çömək

tekel
fayans

pispot
lazemlek

wastafel
kirşən

jamban	jamban dhodhok	bidet
bədrəf	törekçə bədrəf	bide
pissoir	tisu jamban	sikat jamban
pissuar	bədrəf kəğəze	bədrəf fırçası

sikat untu

teş fırçası

odol

teş məğcüne

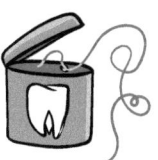

bolah untu

teş cebe

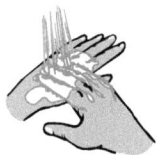

ngumbahi

yuarğa

gagang shower

duş başlığı

pancuran

duş

baskom

kirşən

sikat geger

arqa fırçası

sabun

sabın

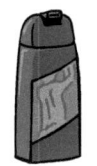

gel pancuran

duş señəle

sampo

şampun

hem

munçala

nguras

ağım

krim

krem

deodoran

dezodorant

jedhing - yuınu bülməse

pangilon
közge

koco tangan
qul közgese

silet
östərə

umpluk cukur
qırınu kübege

aftershave
qırınu losyonı

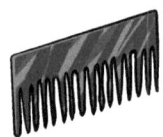

jungkat
taraq

sikat untu
fırça

hairdryer
fön

hairspray
çəç sprəye

dandanan
makiyaj

gincu
iren innege

kuteks
tırnaq cələse

kapas
mamıq

gunting kuku
tırnaq qayçısı

parfum
xuşbuy

kantong adhus

makiyaj buqçası

dingklik

utırğıç

timbangan

ülçəw

bah kanggo sawise adhus

çoba

sarung karet

rezin iləsə

tampon

tampon

pembalut

higiyenik pəd

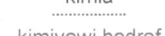

jamban nganggo bahan kimia

kimiyəwi bədrəf

kamar anak
bala bülməse

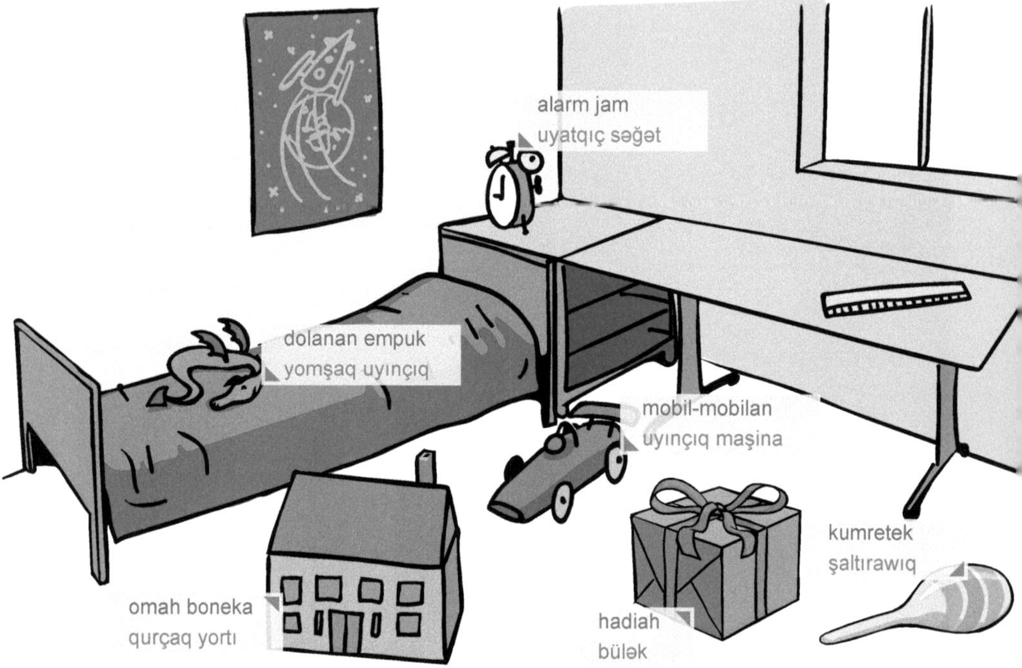

alarm jam
uyatqıç səğet

dolanan empuk
yomşaq uyınçıq

mobil-mobilan
uyınçıq maşina

omah boneka
qurçaq yortı

hadiah
bülək

kumretek
şaltırawıq

balon

hawa şarı

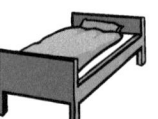

dipan

yataq

kreto bayi

bəbi arbası

meja kertu

kərt dəstəsə

teka-teki

pazl

komik

komiks

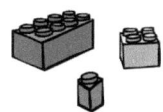

bata lego
lego kirpeçlәre

balok dolanan
şaqmaqlar

boneka aksi
uyın sınçığı

klambi bayi
zıbın

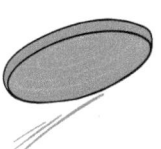

frisbee
frisbi

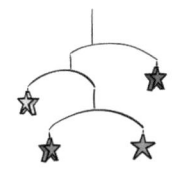

dolanan gantungan
mobil

dolanan meja
östәl uyını

dadu
uyın taşı

sepur dolanan
trәn modele cıyılması

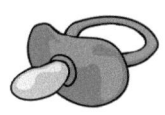

dot
imezlek

pesta
kiçә

buku gambar
rәsemle kitap

bal
tup

boneka
qurçaq

dolanan
uynarğa

kamar anak - bala bülmәse

panggon dolanan pasir
qomlıq

ayunan
tağan

dolanan
uyınçıqlar

konsol video game
uyın quşması

sepeda roda telu
öç köpçəkle səpid

beruang teddy
uyınçıq ayu

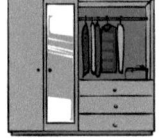
lemari sandhangan
kiyem dulabı

klambi
kiyem

kaos kaki
oyıqbaş

stoking
oyıq

kathok singset
oyığıştan

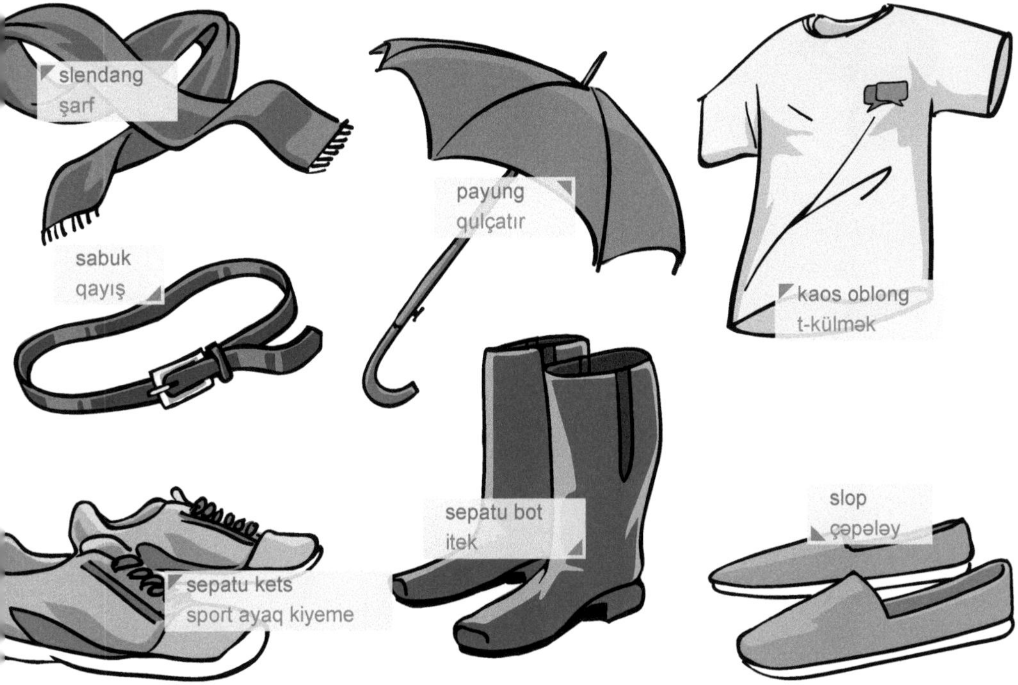

slendang
şarf

payung
qulçatır

kaos oblong
t-külmək

sabuk
qayış

sepatu bot
itek

slop
çəpələy

sepatu kets
sport ayaq kiyeme

sandal
sandallar

sepatu
ayaq kiyeme

sepatu bot karet
rezin itek

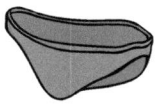

sempak
tənban

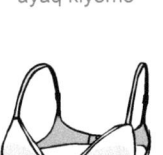

kutang
tüşti

rompi
cələk

klambi - kiyem

awak
bodi

kathok
çalbar

kathok jins
jins

rok
itək

blus
bluz

klambi
külmək

jaket nganggo kudung
sviter

sweter
hudi

blezer
bleyzer

jaket
jaket

mantel
bişmət

jas udan
yañğırlıq

kostum
kəçtüm

gaun
külmək

gaun manten
tuy külməge

46 klambi - kiyem

setelan

taqım kiyem

klambi kanggo turu

tönge külmək

piyama

pijama

kain sari

sari

kudung

yawlıq

serban

çalma

cadar

burqa

kaftan

çapan

abaya

abaya

klambi kanggo nglangi

qoyınu kiyeme

kathok renang

yözü tənbanı

kathok cekak

şort

klambi trening

sport kiyeme

celemek

alyapqıç

sarung tangan

iləsə

klambi - kiyem

benik
töymə

kacamata
küzlek

gelang
beləzek

kalung
muyınsa

ali-ali
baldaq

anting-anting
alqa

peci
kəpəç

gantungan mantel
elgeç

topi
eşləpə

dasi
muyınbaw

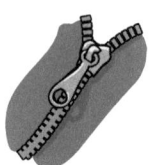

slerekan
zıncır

helem
oçlam

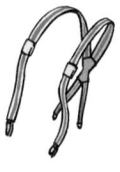

bretel
çalbar asması

sragam sekolah
məktəp forması

sragam
forma

klambi - kiyem

oto
balalar kükrəkçəse

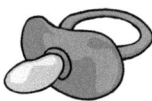
dot
imezlek

popok
küzələ

kantor
ofis

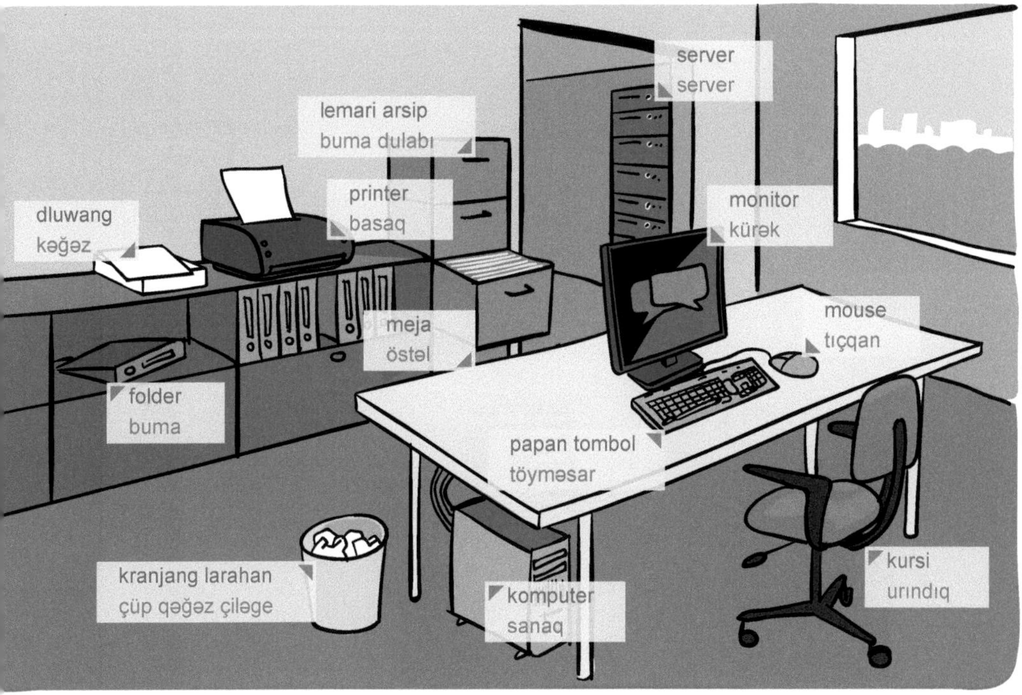

server	server
lemari arsip	buma dulabı
printer	basaq
dluwang	kəğəz
monitor	kürək
meja	östəl
mouse	tıçqan
folder	buma
papan tombol	töyməsar
kranjang larahan	çüp qəğəz çiləge
komputer	sanaq
kursi	urındıq

cangkir kopi
qəhwə təgəçe

kalkulator
sansanar

internet
internet

laptop
leptop

surat
xat

pesen
xəbər

HP
kesə telefonı

jaringan
çeltər

mesin fotokopi
fotokopyaçı

software
program təminatı

telpon
telefon

colokan
ayırğıç

mesin faksimili
faks

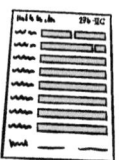

blangko
form

dokumen
dokument

ekonomi
iqtisad

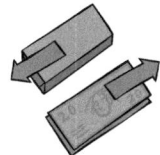

tuku

satıp alırğa

mbayar

tülərgə

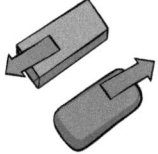

bebakulan

səwdə itərgə

duit

aqça

dolar

dollar

euro

euro

yen

yen

rubel

sum

franc Swiss

frank

yuan renminbi

yuan

rupe

rupi

cash point

bankomat

kantor pertukaran duit mancanegara

valüta bürosı

emas

altın

perak

kömeş

minyak

qaramay

energi

energiyə

rego

bəyə

kontrak

kontrakt

pajek

salım

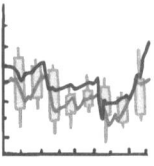

saham

stok

kerjo

eşlərgə

pegawe

eşçe

juragan

eş birüçe

pabrik

fabrika

toko

kibet

ekonomi - iqtisad

gawean
hönərlər

perwira polisi
polisə xəzmətkərə

petugas kobongan
yanğın sünderüçe

tukang masak
aşçı

dokter
tabib

pilot
oçuçı

tukang kebon
baqçaçı

tukang kayu
ağaç ostası

tukang jahit
tegüçe

hakim
xökəmçe

ahli kimia
kimiyəçe

aktor
aktor

gawean - hönərlər

sopir bis
awtobus yörtüçe

sopir taksi
taksiçe

nelayan
balıqçı

tukang reresik
cıyıştıruçı xatın

tukang pasang gendheng
tübə yabuçı

laden
tabınçı

pamburu
awçı

pelukis
rəssam

tukang roti
ikməkçe

tukang listrik
elektrçı

tukang mbangun
tözüçe

insinyur
möhəndis

jagal
itçe

tukang ledeng
çöməkçe

tukang pos
yamılçı

tentara
ğəskəri

arsitek
miğmar

kasir
kassir

bakul kembang
çəçəkçe

juru rambut
çəçtaraş

kondektur
konduktor

mekanik
mekanik

kapten
kapitan

dokter untu
teş tabibı

ilmuwan
ğalim

rabbi
rabbi

imam
imam

biksu
kəşiş

pandhita
ruxani

gawean - hönərlər

alat
ələtlər

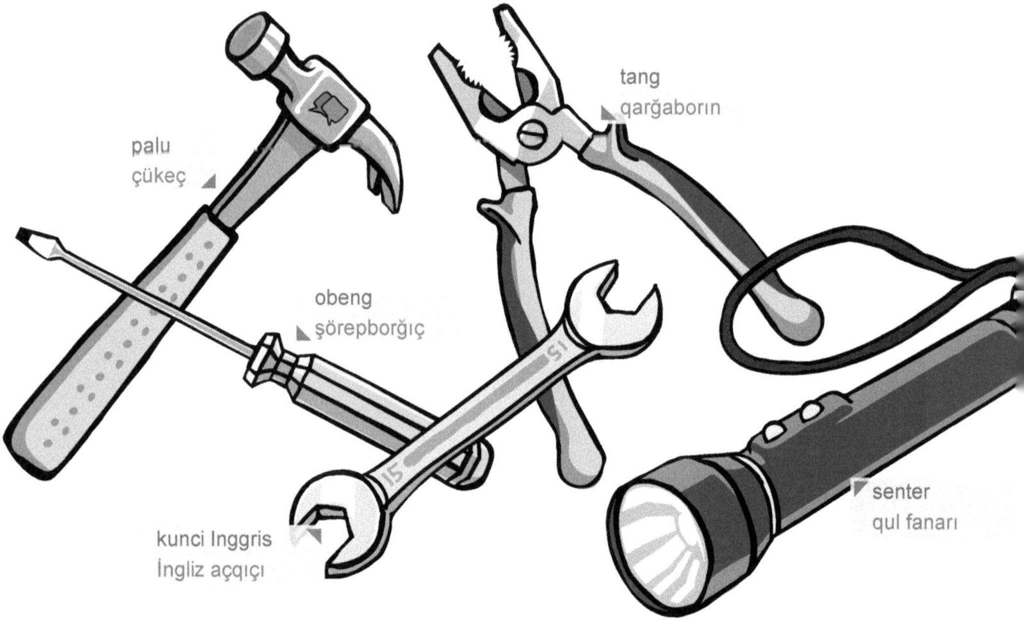

palu
çükeç

tang
qarğaborın

obeng
şörepborğıç

kunci Inggris
İngliz açqıçı

senter
qul fanarı

mesin kerukan

qazu maşinası

wadah perkakas

ələt buqçası

andha

basqıç

graji

pıçqı

paku

qadaqlar

bur

dril

ndandani
tözətergə

sekop
körək

Bajigur!
Şaytan alğırı!

serok
sosqı

kaleng cat
buyaw sawıtı

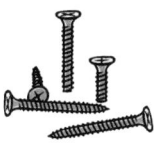

sekrup
mıqlar

alat musik
muzıka alətləre

speker
tawış köçəytkeç

sak set tambur
dawılbaz taqımı

bass dobel
kontrabas

trompet
bırğı

gitar
gitar

alat musik - muzıka alətləre

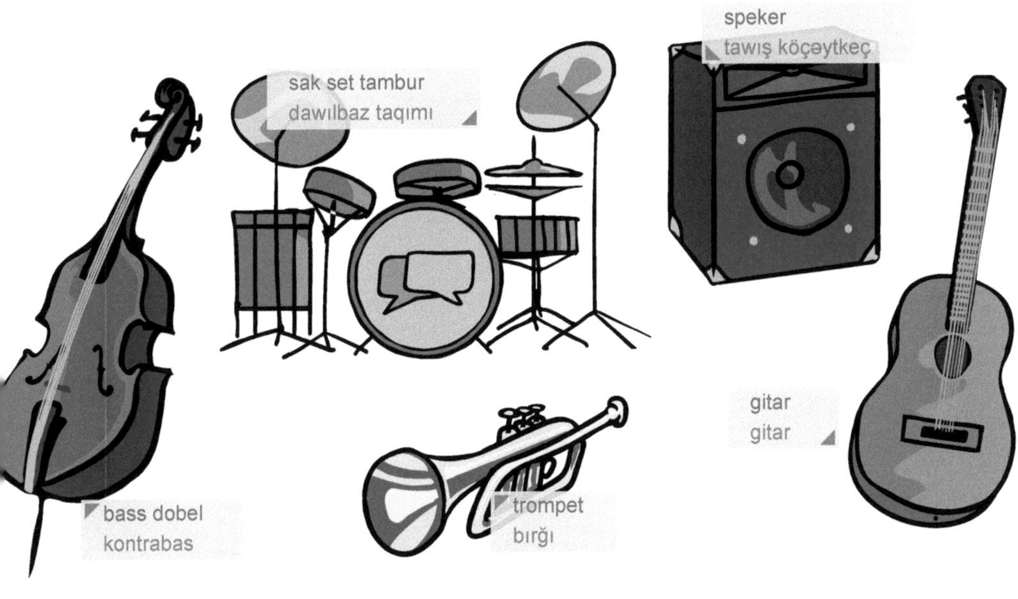

piano
piano

biola
kəmən

bass
bas gitar

timpani
timpani

tambur
dawılbaz

keyboard
töyməsar

saksofon
saksofon

suling
flüt

mikropon
mikrofon

kebon kewan
xaywan baqçası

- macan tutul / yulbarıs
- kandang / çitlek
- sebra / zebra
- pakanan kewan / terlek azığı
- lawang mlebu / kerü
- panda / panda

kewan
xaywannar

gajah
fil

kanguru
köngerə

badak
kərkədən

gorila
gorilla

beruang
ayu

kebon kewan - xaywan baqçası

unta
döyə

manuk unta
təwə qoşı

singa
arıslan

kethek
maymıl

flamingo
flamingo

bethet
tutıy qoş

beruang kutub
aq ayu

pinguin
pingwin

hiu
küpek balığı

merak
tawis

ula
yılan

baya
timsax

juru kunci kebon kewan
xaywan baqçası xezmətkəre

singa segara
suete

jaguar
yaguar

kebon kewan - xaywan baqçası

jaran poni
poni

macan tutul
qaplan

kuda nil
su ayğırı

jrapah
zörəfə

garudha
börket

celeng
qaban duñğızı

iwak
balıq

bulus
taşbaqa

walrus
morşa

rubah
tölke

kidang
ğəzəl

kebon kewan - xaywan baqçası

olahraga
sport törləre

bal-balan Amerika
Amerika futbolı

sepedahan
səpid

tenis
tennis

basket
basketbol

nglangi
yözü

hoki es
xokkey

tinju
boks

bal-balan
futbol

badminton
badminton

atletik
atletika

bal tangan
handbol

ski
çañğı

polo
polo

olahraga - sport törləre

kegiatan
itkenleklər

- mencolot / sikerergə
- ngguyu / kölərgə
- ngrangkul / qoçaqlarğa
- nembang / cırlarğa
- mlaku / yörergə
- ndonga / ğibədət qılırğa
- ngambung / übərgə
- ngimpi / xıyallanırğa

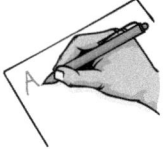

nulis
yazarğa

nggambar
rəsem yasarğa

nuduhake
kürsətergə

mencet
etərgə

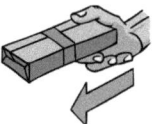

menehi
birergə

njupuk
alırğa

duweni
iyə bulırğa

nindakake
eşlərgə

yaiku
bulırğa

ngadek
basıp torırğa

mlayu
yögerergə

narik
tartırğa

nguncalake
taşlarğa

tiba
yığılırğa

ngapusi
yatarğa

ngenteni
kötərgə

nggawa
taşırğa

lungguh
utırırğa

klamben
kiyenergə

turu
yoqlarğa

tangi
uyanırğa

ndheleng
qararğa

nangis
yılarğa

ngelus
sıyparğa

njungkati
tararğa

ngomong
söyləşergə

mangerteni
añlarğa

takon
sorarğa

ngrungoake
tıñlarğa

ngombe
eçərgə

mangan
aşarğa

ngrapiake
cıyıştırınırğa

nrisnani
söyərgə

masak
peşerergä

nyopir
sörergə

mabur
oçarğa

kegiatan - itkenleklər

nglayar

diñgezgə açılu

itung

isəpləw

maca

uqırğa

sinau

öyrənergə

kerjo

eşlərgə

ngrabi

öylənergə

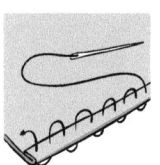

njahit

tegərgə

nyikat untu

teş fırçalarğa

mateni

üterergə

ngrokok

təməke tartırğa

ngirim

cibərergə

kegiatan - itkenleklər

keluarga
ğailə

- mbah putri / əbi
- mbah kakung / babay
- bapak / ata
- ibu / ana
- bayi / sabıy
- anak wedok / qız
- anak lanang / ul

tamu
qunaq

bu lik
apa

pak lik
abıy

dulur lanang
abıy / ene

dulur wadon
apa / señel

awak
tən

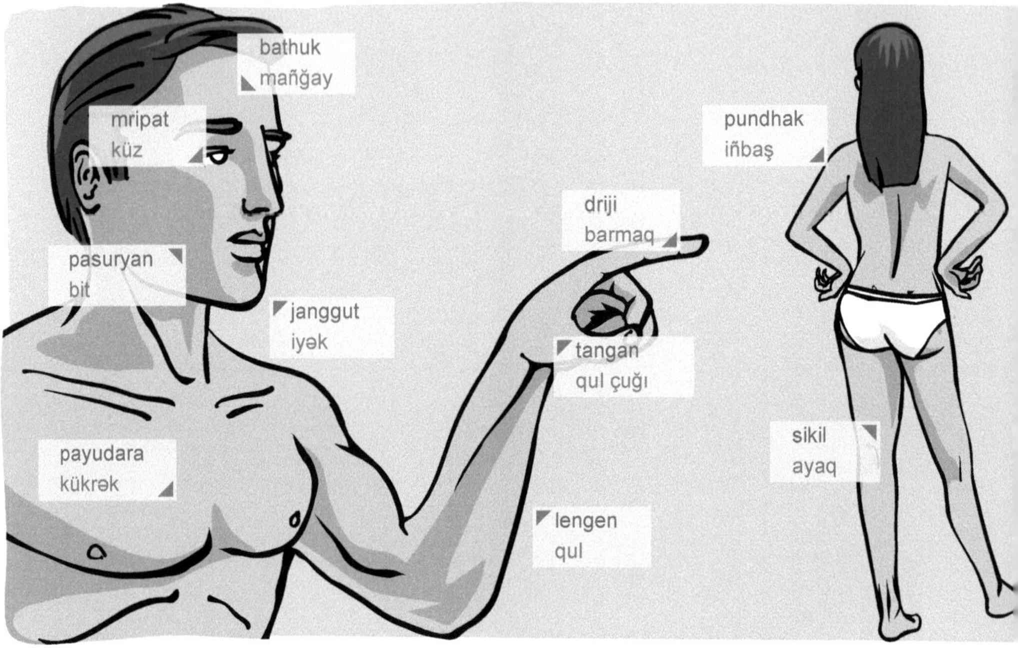

- bathuk / mañğay
- mripat / küz
- pasuryan / bit
- janggut / iyək
- payudara / kükrək
- driji / barmaq
- tangan / qul çuğı
- lengen / qul
- pundhak / iñbaş
- sikil / ayaq

bayi
sabıy

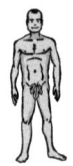

lanang
ir

wadon
xatın

bocah wadon
qız

bocah lanang
malay

sirah
baş

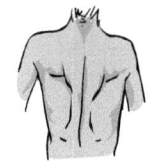

geger
arqa

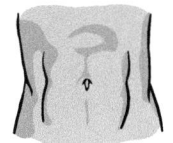

weteng
eç

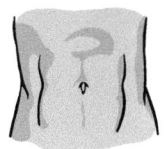

puser
kendek

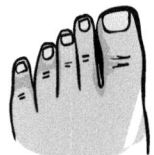

driji sikil
ayaq barmağı

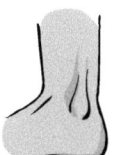

tungkak
ükçə

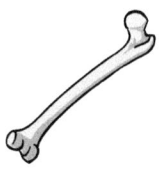

balung
söyək

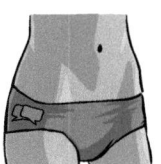

panggul
bot

dengkul
tez

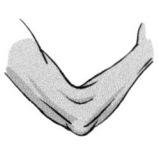

sikut
tersək

irung
borın

bokong
art san

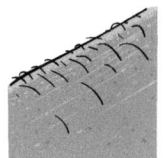

kulit
tire

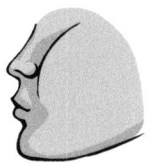

pipi
yañaq

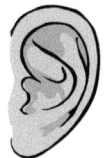

kuping
qolaq

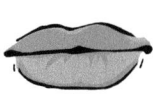

lambe
iren

awak - tən

 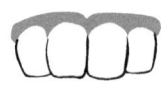 

lisan	untu	ilat
awız	teş	tel

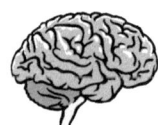  

uteg	jantung	otot
mi	yörək	ğəzlə

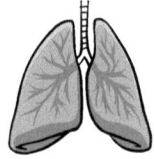  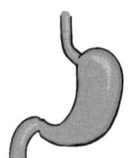

paru	ati	garba
üpkə	bawır	aşqazanı

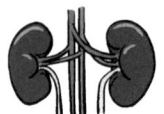  

ginjel	sanggama	kondom
böyerlər	seks	prezervativ

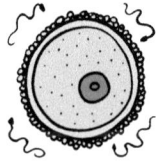  

ovum	mani	mbobot
kükəy küzənək	məni	kömən

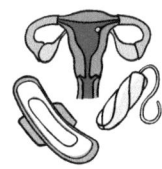
haid
kürem

vagina
vagina

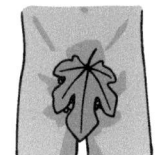
zakar
penis

alis
qaş

rambut
çəçlər

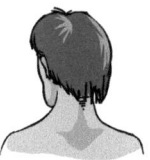
gulu
muyın

awak - tən

griya sakit
xastaxanə

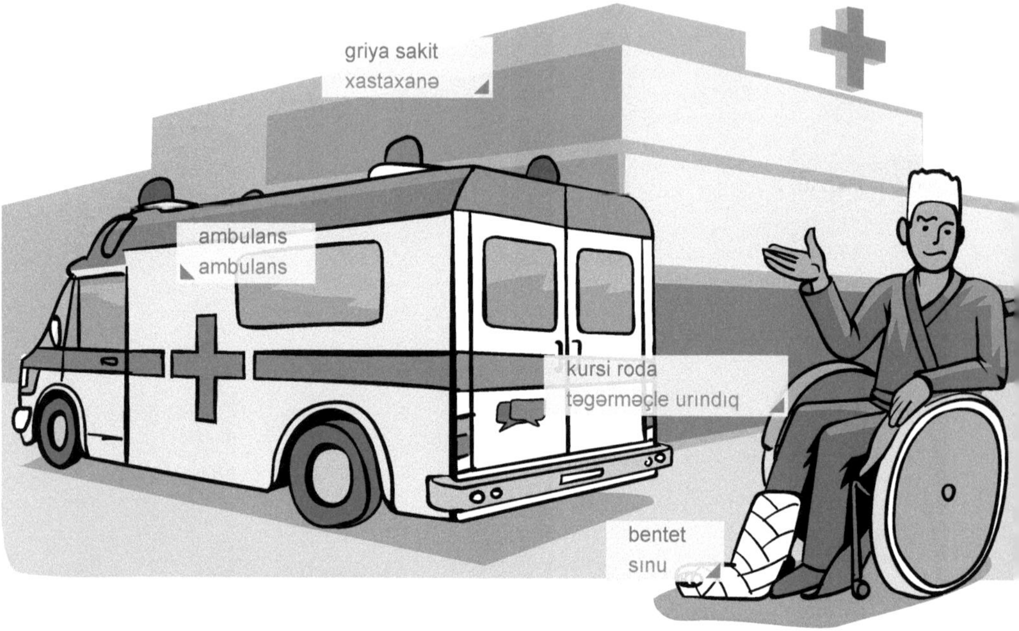

griya sakit
xastaxanə

ambulans
ambulans

kursi roda
təgərməçle urındıq

bentet
sınu

dokter
tabib

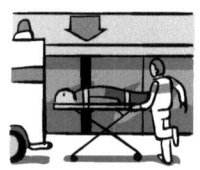

kamar gawat darurat
aşığıç yərdəm bülməse

perawat
şəfqət tutaşı

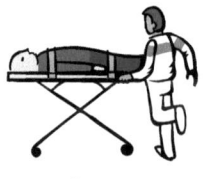

dharurat
kiçektergesez xəl

ora sadar
añsız

linu
awırtu

 tatu / cərəxətlənü	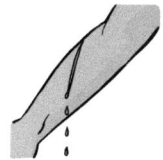 getihen / qan ağu	 serangan jantung / infarkt
 setruk / insult	 alergi / allergiyə	 watuk / yütəl
 ngelu / qızu	 pilek / grip	 diare / eç kitü
 mumet / baş awırtu	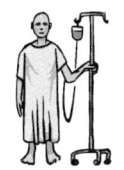 kanker / yaman şeş	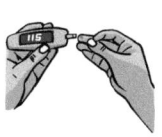 diabetes / diabet
 ahli bedah / xirurg	 lading bedah / skalpel	 operasi / ğəməliyət

griya sakit - xastaxanə

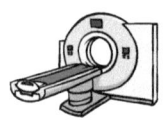
CT
ST

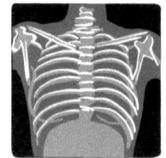
sinar x
röntgen

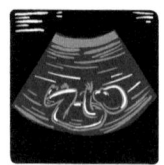
USG
ultratawış

masker
bitlek

penyakit
awıru

kamar nunggu
kötü bülməse

pitulung
qultıq tayağı

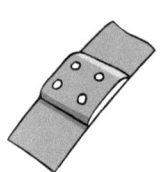
perban
plaster

perban
bəyləweç

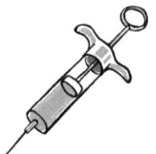
suntik
qadaw

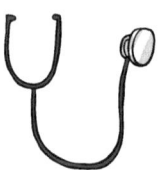
stetoskop
stetoskop

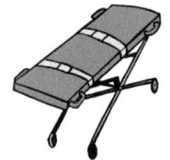
tandu
sədiyə

termometer klinik
klinik termometr

lair
tuu

kalemon
artıq awırlıq

griya sakit - xastaxanə

alat bantu dengar
işetü cihazı

disinfektan
dezinfektant

infeksi
yoğış

virus
virus

HIV/AIDS
KİV / BİDS

obat
daru

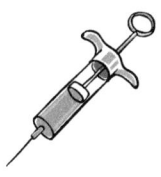
vaksinasi
vaksinalanu

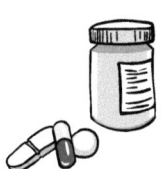
tablet
tabletlər

pil
kontraseptiv tablet

nomer telpon darurat
aşığıç çaqıru

ngukur tensi getih
qan basımı ülçəgeçe

lara / waras
awıru / sələmət

dharurat
kiçektergesez xəl

Tulung!
Qotqarığız!

alarem
xəwef tawışı

sergap
höcüm

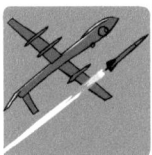

serangan
höcüm

bebaya
qurqınıç

lawang metu dharurat
aşığıç çığu

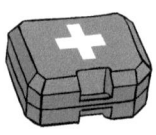

Kobongan!
Yanğın!

alat mateni geni
ut sündergeç

kacilakan
qaza

pitulungan wiwitan
berençe yərdəm buqçası

SOS
SOS

polisi
polisə

bumi
Cir

Eropa

Awrupa

Amerika Lor

Tönyaq Amerika

Amerika Kidul

Könyaq Amerika

Afrika

Afrika

Asia

Asya

Australia

Awstralya

Atlantik

Atlantik okean

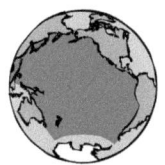

Pasifik

Tın okean

Samudra Hindia

Hind okeanı

Samudra Antartika

Antarktik okean

Samudra Arktik

Arktik okean

Kutub Lor

Tönyaq qotıp

Kutup Kidul

Könyaq qotıp

Antarktika

Antarktika

bumi

Cir

daratan

qorı cir

segara

diñgez

pulau

utraw

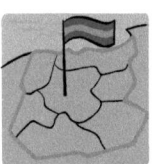

bangsa

millət

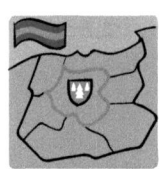

negara

dəwlət

jam
səğət

layar jam
səğət bite

dom jam
səğət uğı

dom menit
minut uğı

dom detik
sekund uğı

Jam piro saiki?
Səğət niçə?

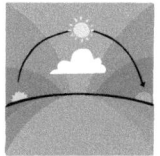

dina
kön

wektu
waqıt

saiki
xəzer

jam digital
dijital səğət

menit
minut

jam
səğət

jam - səğət

minggu
atna

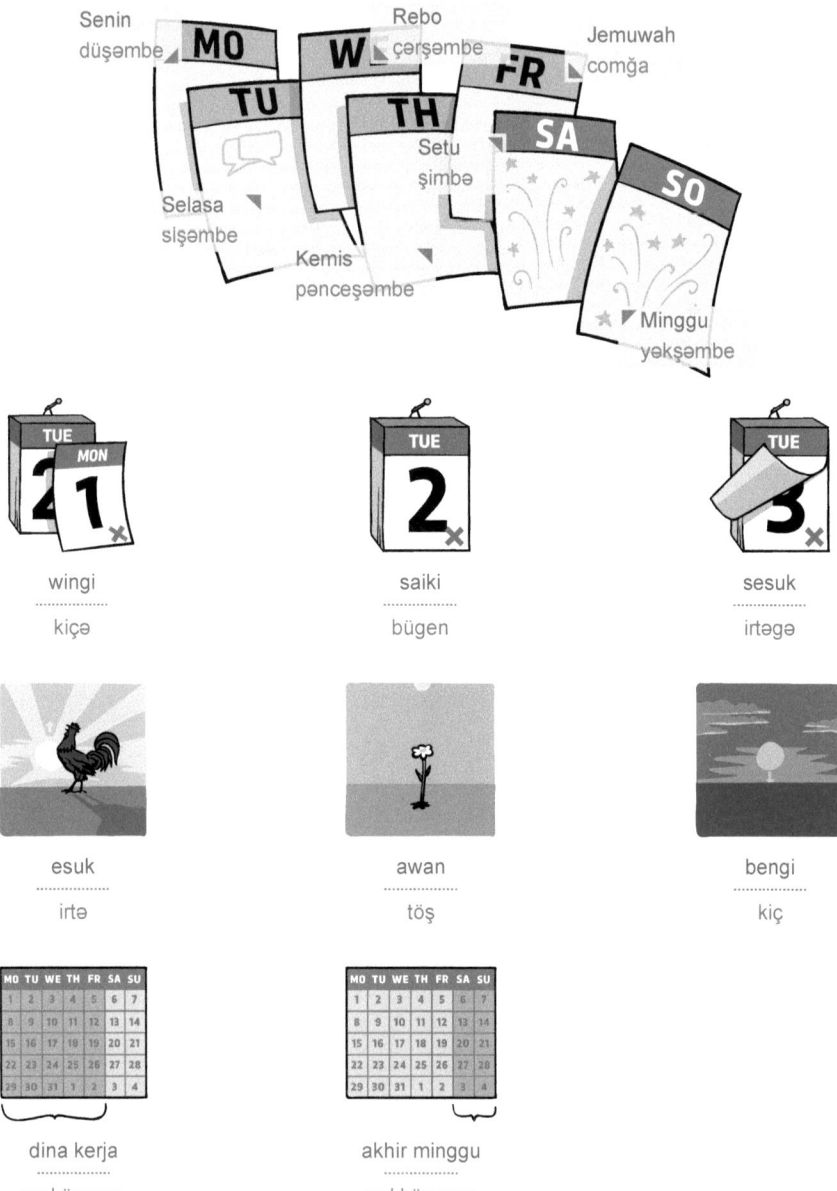

Senin / düşəmbe — MO
Selasa / sışəmbe — TU
Rebo / çərşəmbe — W
Kemis / pəncəşəmbe — TH
Setu / şimbə — SA
Jemuwah / comğa — FR
Minggu / yekşəmbe — SO

wingi / kiçə
saiki / bügen
sesuk / irtəgə

esuk / irtə
awan / töş
bengi / kiç

dina kerja / eş könnəre
akhir minggu / yal könnəre

tahun
yıl

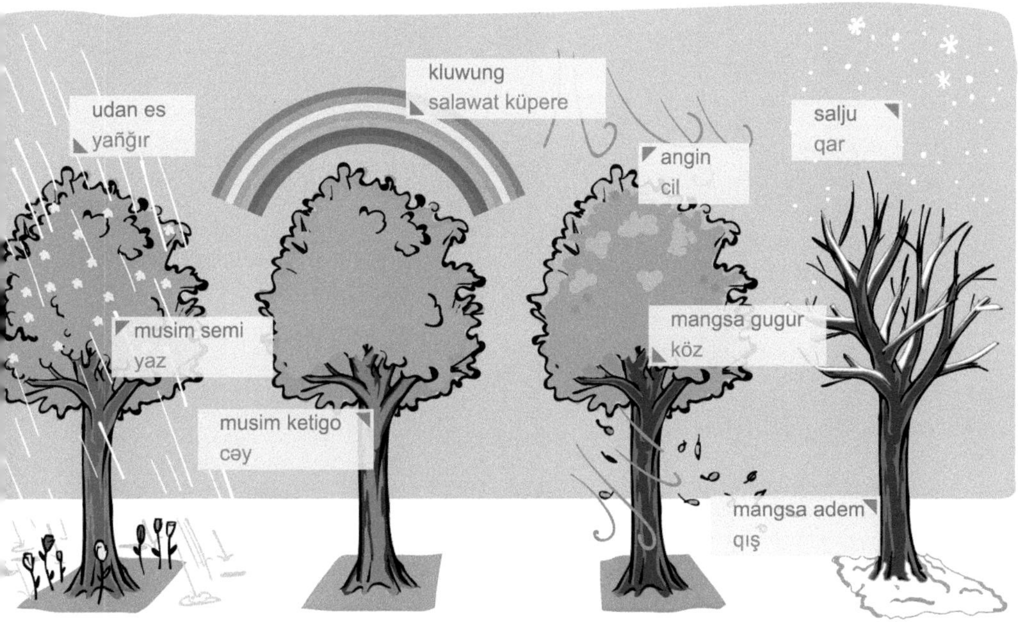

udan es
yañğır
kluwung
salawat küpere
angin
cil
salju
qar
musim semi
yaz
musim ketigo
cəy
mangsa gugur
köz
mangsa adem
qış

4.APRIL 11°
5.APRIL 4°
6.APRIL 13°
7.APRIL 8°
8.APRIL 10°

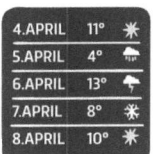

ramalan cuaca

hawa torışı

F C
120 90 60 30 0 -30
40 30 20 10 0 -10 -20

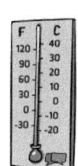

termometer

termometr

srengenge

qoyaş yaqtısı

mendhung

bolıt

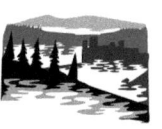

kabut

toman

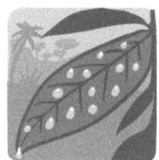

kelembapan

dımlılıq

kilat

yəşen

bledheg

kük kükrəw

badai

dawıl

udan es

boz

muson

musson

banjir

su basu

es

boz

Januari

Qırlaç

Februari

Aqman

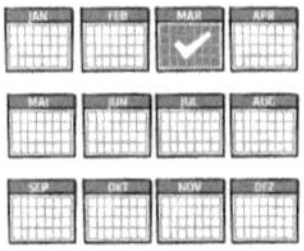

Maret

Buşay

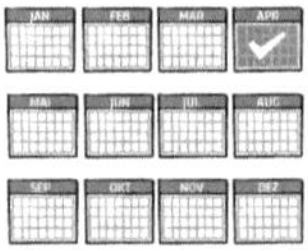

April

Yañarış

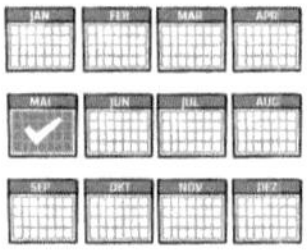

Mei

Saban

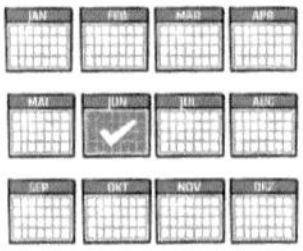

Juni

Çereşmə

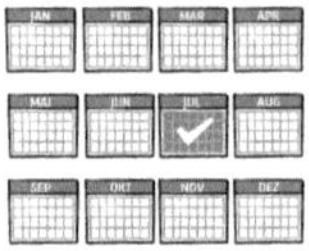

Juli

Peçən

Agustus

Uraq

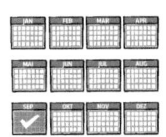
September
Indır

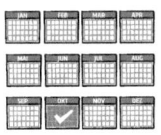
Oktober
Bilek

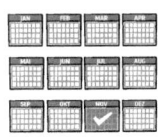
Nopember
Qaraköz

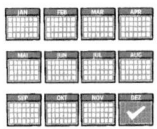
Desember
Kerəw

wangun
şəkellər

bunder
tügərək

kuadrat
dürtkel

segi papat
turıpoçmaq

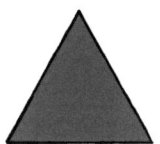
segi telu
öçpoçmaq

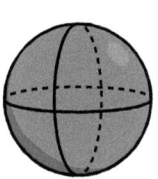
bal
körrə

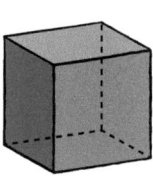
kubus
kub

warna
töslər

putih
aq

kuning
sarı

oranye
qızğılt sarı

jambon
al

abang
qızıl

ungu
şəməxə

biru
zəngər

ijo
yəşel

coklat
körən

abu-abu
sorı

ireng
qara

kontras
qapma-qarşılıqlar

akeh / sithik

küp / az

nesu / kalem

usal / tınıç

ayu / elek

matur / yəmsez

pawitan / pungkasan

baş / axır

gede / cilik

zur / keçkenə

padhang / peteng

yaqtı / qarañğı

sedulur lanang / sedulur wadon

abıy, ene / apa, señel

resik / reged

taza / pıçraq

pepak / ora pepak

təmam / təmamlanmağan

awan / bengi

kön / tön

mati / urip

üle / tere

jembar / sempit

kiñ / tar

iso dipangan / ora iso dipangan
aşarğa yaraqlı / aşarğa yaragsız

ala / becik
yaman / yaxşı

seneng / bosen
dulqınlanğan / yalıqqan

lemu / kuru
yuan / yabıq

pisanan / pungkasan
berençe / soñğı

kanca / musuh
dus / doşman

kebak / kosong
tulı / buş

atos / empuk
qatı / yomşaq

abot / enteng
awır / ciñel

luwe / wareg
açlıq / susaw

lara / waras
awıru / sələmət

illegal / legal
qanunsız / qanunlı

pinter / bodo
aqıllı / aqılsız

kiwa / tengen
sul / uñ

cedhak / adoh
yaqın / yıraq

kontras - qapma-qarşılıqlar

anyar / lawas
yaña / qullanılğan

ora ana / ana
hiçnərsə / nərsəder

tuwa / enom
ölkən / yəş

urip / mati
bızdırılğan / sünderelgən

buka / tutup
açıq / yabıq

anteng / rame
tawışsız / göreltele

sugeh / mlarat
bay / yarlı

bener / salah
döres / yalğış

kasar / alus
qıtırşı / şoma

susah / seneng
küñelsez / küñelle

cendhak / dawa
qısqa / ozın

alon / banter
aqrın / tiz

teles / garing
dımlı / qorı

anget / adem
cılı / salqın

perang / tentrem
suğış / tınıçlıq

kontras - qapma-qarşılıqlar

angka
sannar

0
nol
sıfır

1
siji
ber

2
loro
ike

3
telu
öç

4
papat
dürt

5
limo
biş

6
enem
altı

7
pitu
cide

8
wolu
sigez

9
songo
tuğız

10
sepuluh
un

11
sewelas
unber

12
rolas
unike

13
telulas
unöç

14
patbelas
undürt

15
limolas
unbiş

16
nembelas
unaltı

17
pitulas
uncide

18
wolulas
unsigez

19
songolas
untuğız

20
rong puluh
yegerme

100
satus
yöz

1.000
sewu
meñ

1.000.000
sak yuto
million

basa-basa
tellər

basa Inggris

inglizcə

basa Inggris Amerika

Amerika inglizcəse

basa Cina Mandarin

Mandarin qıtayçası

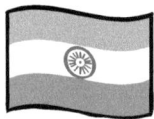

basa Hindi

hindi

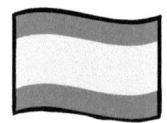

basa Spanyol

İspança

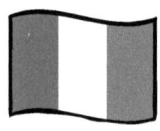

basa Prancis

Fransızça

basa Arab

Ğərəpçə

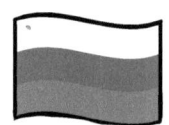

basa Rusia

Rusça

basa Portugis

Portugalça

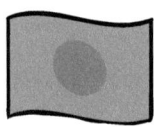

basa Bengali

Bengali

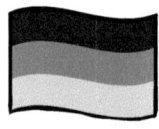

basa Jerman

Almança

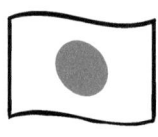

basa Jepang

Yaponça

sapa / apa / piye
kem / nərsə / niçek

aku
min

kowe
sin

dheweke
ul / ul / ul

kita
bez

kowe kabeh
sez

dheweke kabeh
alar

sapa?
kem?

apa?
nərsə?

piye?
niçek?

neng endi?
qayda?

kapan?
qayçan?

jeneng
isem

neng endi
qayda

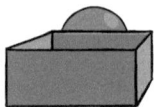

mburi
artta

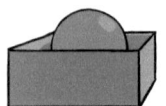

ing jero
eçendə

ing ngarep
aldında

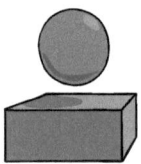

ing dhuwure
östendə

ing
östendə

ing ngisore
astında

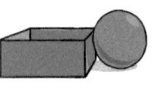

sisih
yanında

antarane
arasında

panggonan
urın